CATALOGUE DE TABLEAUX

Aquarelles, Dessins, Lithographies,

Ustensiles d'atelier et quelques Armes,

QUI SERONT VENDUS

Après le décès de M. LATTEUX,

Peintre de Paysage, d'Architecture et de Fleurs,

HOTEL DES VENTES,

Rue des Jeûneurs, 16,

Salle n° 1er,

Les Mercredi 29 et Jeudi 30 Avril, à midi très précis,

Par le ministère de M° PIERRET, Commissaire-Priseur, rue Favart, 8;

Assisté de M. GERARD, Peintre-Expert, rue du Sentier, 26.

EXPOSITION PUBLIQUE

Le Dimanche 26 Avril, de midi à 5 heures.

1840.

AVERTISSEMENT.

M. LATTEUX avait commencé sa carrière en peinture par l'étude des fleurs, et les aquarelles qu'il a laissées dans ce genre montreront ses heureuses dispositions.

Ayant abandonné les fleurs pour étudier le paysage monumental, et ne connaissant pas de meilleur moyen que l'étude de la nature, ce jeune artiste, que la mort a surpris au milieu de ses travaux, a été visiter les beaux sites de l'Italie, du Tyrol, des Alpes, de la Belgique, et diverses contrées de la France, et il a rapporté de ses voyages une suite nombreuse de vues des plus intéressantes sous le double rapport du choix des sites et d'une savante et consciencieuse exécution.

MM. les Amateurs verront aussi une suite de tableaux par les artistes modernes en réputation.

CATALOGUE.

AQUARELLES. — FLEURS.

1. Vingt-deux Bouquets de roses diverses natures, dessins à l'aquarelle. Études très terminées. Ces articles seront divisés.

2. Un grand Bouquet de roses diverses à l'aquarelle.

3. Seize Tulipes de diverses natures, études à l'aquarelle.

4. Treize Dalhias, études à l'aquarelle.

5. Neuf Études aquarelle. Diverses fleurs.

6. Un Bouquet d'œillets et un de renoncules, aquarelles.

7. La Digitale pourprée.

8 Un Bouquet de pois de senteur.

9 Un Bouquet. Lis impérial.

SITES ET VUES DIVERS. — AQUARELLES.

10 Vue prise à Janspach, en Tyrol; dessin à l'aquarelle.

11 Vue prise à Augsbourg (Bavière), aquarelle.

12 La Porte-Neuve, à Ulm (Wurtemberg).

13 Vue prise sur le lac de Constance (Bade).

14 Vue prise à Schwartz, en Tyrol.

15 Cathédrale de Lodi, en Lombardie.

16 Quai des Esclavons, à Venise.

17 Grand-Canal et Maison des Turcs, à Venise.

18 Saint-Antoine, église de Padoue.

19 Vue d'une arcade du Colysée, à Rome.

20 Vue prise à la Vahalla, à Ratisbonne.

21 Saint-Jacques, à Nuremberg.

22 Saint-Ambroise, à Milan.

23 Place Saint-Marc, à Venise; vue faite d'après nature.

24 Place des Seigneurs, à Vérone.

25 Grand-Canal, à Venise.

26 Vue prise à Constance.

27 Vue prise à Ulm.

28 Vue prise dans la cathédrale de Strasbourg; non achevée.

29 Carolinen Strass, à Augsbourg, dessin non terminé.

30 Vue prise en Tyrol.

31 Piazza della Vedra, à Milan.

32 Walfrohausen, en Tyrol.

33 Saint-Ambroise, à Milan. Effet de soleil couchant.

34 Vue de Tapinio, près de Terni.

35 Porte Saint-Jean et Porte de Bélisaire, à Rome.

36 La Porte dell Carmini, à Rome.

37 Vue prise à Rorschack, lac de Constance.

38 Le Pont-Vieux, à Nice.

39 Rue Maximilien, à Augsbourg.

40 Trois Études à la sépia, d'après M. Jules Coignet.

VUES DIVERSES.—DESSINS A LA MINE DE PLOMB.

41 Église Notre-Dame, à Nuremberg.

42 Rue de Farmen Schmidt, à Nuremberg.

43 Tour de ville, à Inspruk.

44 Une Fontaine, à Bâle, en Suisse.

45 Vue prise à Jansbach et Schwartz, en Tyrol.

46 Vue prise à Ratisbonne. Notre-Dame et deux autres, sur la même feuille.

47 Pont de Schwartz et deux autres.

48 Vatterté et cinq autres Vues du Tyrol.

49 Vue prise à Munich, et deux autres dessins.

50 Vue d'Augsbourg, près de la poste.

51 Un Canal à Augsbourg, et Études de figures.

52 Pont sur le Blan, à Ulm, et un Croquis.

53 Vue prise à Farienfeld.

54 Deux Vues d'Ulm, et petites Figures.

55 Vue prise à Rostchalk, et deux Croquis.

56 Vue de la rue du Brochet, à Constance, et cinq petits Croquis.

57 Petite Place, à Chaffouse.

58 Grande Rue, à Chaffouse.

59 Bâle, et Vue de Chaffouse.

60 Six Croquis. Études à Nuremberg.

61 Vue de la cathédrale de Wurtzbourg.

62 Saint-Tobalde, à Nuremberg.

63 Unter and ober soldners gast, à Nuremberg.

64 Vue de Caroline Strass, à Nuremberg.

65 Une Fontaine gothique, à Bâle.

66 Oberumtal (Tyrol).

67 Grande Place, à Inspruck.

68 Place Saint-Pierre, à Mantoue.

69 Mark Platz, à Nuremberg.

70 Traguetto de l'Académie, à Venise.

71 Pont de Rialto, à Venise.

72 Place des Seigneurs, à Venise.

73   Rapallo, près de Gênes.

74   Petit Canal, à Venise.

75   Quai des Esclavons, à Venise ; dessins à la plume.

76   Une Église, à Cologne.

77   Cathédrale de Lodi, et Maison gothique, à Cologne.

78   Vue de la Grande Place de Malines (Belgique).

79   Hôtel-de-Ville de Louvain (Belgique).

80   Hôtel-de-Ville d'Aix-la-Chapelle.

81   Saint-Bavon et Place, à Gand.

82   Place de l'Hôtel-de-Ville et Vue de la cathédrale d'Anvers.

83   Vue prise à Mayence.

84   Vue d'une des églises de Cologne.

85   Vue d'une rue d'Anvers.

86   Vue d'une rue de Bruges.

87   Maison de Templier, à Cologne.

88   Vue de la Grande Rue, à Anvers.

89   Vue prise à Luy, sur la Meuse.

90 Vue de la Porte Guillaume, à Chartres.

91 Autre Vue de la même porte.

92 Vue de la cathédrale de Chartres, de la porte Guillaume.

93 Vue de Chartres, prise de la Courtille.

94 Une Vue de Chartres.

95 Le Pont-Neuf, à Chartres

96 Cascade à Troies, près Draguignan.

97 Saint-Antoine, à Padoue.

98 Vue prise de la fontaine de Vaucluse.

99 Vue du Grand Canal, à Venise, Altraguetto des Turcs.

100 Un Portefeuille contenant soixante-dix dessins.

101 Vues d'Italie, aquarelles, sépias et dessins. Cela sera divisé.

102 Petit Canal, à Malines; dessin aquarelle.

103 Tour gothique, vue prise en Allemagne; aquarelle.

104 Vue prise sur le lac Majeur; aquarelle.

105 Les Gorges d'Ouillioules, entre Marseille et Toulon; aquarelle.

106 Porte dell Carmini, à Naples; aquarelle.

107   Ruine de Pierrefonds; aquarelle.

108   Fabriques sur le bord du lac Majeur; aquarelle.

109   Costumes des habitans du nord de l'Italie; trois dessins sur une feuille; aquarelle.

110   Costumes de Venise; deux dessins sur une feuille; aquarelle.

111   Costumes de Pêcheurs vénitiens; quatre figures sur deux feuilles; aquarelle.

112   Deux figures en costume valencien; aquarelle.

113   Quarante cinq Figures diverses, contenues dans un portefeuille. Cela sera divisé.

114   Huit Dessins, d'après Boilly, Charlet et autres.

115   Château Saint-André, près de Nice; aquarelle.

116   Un Portefeuille contenant 45 croquis.

117   Une Chemise contenant quatre aquarelles paysages.

118   Un Portefeuille contenant des calques de figures.

GRAVURES ET LITHOGRAPHIES.

119 Voyage en Normandie, par MM. Taylor, Nodier et Cayeux. Deux Volumes reliés demi-reliures.

120 CLARKSON STANFIELD. Les Bords du Rhin, de la Meuse et de la Moselle.

121 Le Moyen-Age pittoresque, lithographies et texte contenus dans un carton.

122 Album vénitien, 12 planches par Wyld et Lessore.

123 Une Chemise contenant 17 lithographies. Vues de France, Belgique et Italie.

124 Un Livre relié contenant trente-quatre vignettes anglaises.

125 HARDING. Cinq Cahiers lithographiés.

126 Deux Cahiers portraits et vignettes anglaises.

127 Vue Pittoresque de l'Inde et de la Chine, 25 cahiers par le commodore Elliot.

128 Un Portefeuille contenant des lithographies allemandes.

129 Douze lithographies par divers.

130 Six Vues de Naples, trait gravé.

131 Dix-sept Vignettes anglaises.

132 Dix-sept Vues de Rome.

133 Galerie des Artistes anglais, 34 planches et texte.

134 Deux Cahiers gravures allemandes.

135 Cinquante Gravures diverses.

136 Un Cahier par Leclerc : paysage et figures.

137 Quatre Cahiers, histoire et description des principales villes d'Europe.

138 Quarante petites eau-forte, par Pinelli.

139 Treize Cahiers de l'ouvrage de l'Artiste.

140 Douze Études peintes, vues d'Italie et du Tyrol.

141 M. RENOUX. Deux Études.

TABLEAUX.

142 M. JUSTIN OUVRIER. Vue de la ville de Rouen prise de la petite chaussée.

143 ÉCOLE FLAMANDE. Un Portrait d'homme.

144 JOSEPH VERNET (d'après). Deux Tableaux.

145 Deux autres tableaux.

146 Un autre tableau, architecture et paysage.

147 M. DESTOUCHES. La Châtelaine et son page : charmante composition.

148 M. VICTOR ADAM. La Vivandière lutinée par son escorte.

149 M. GUINDRAN. Paysage marine. Vue prise sur les côtes d'Italie.

150 M. TANNEUR. Vue prise dans un port de Normandie.

151 du même. Pleine mer avec une frégate et autre bâtiment.

152 Mme HAUDEBOURG-LESCAUT. Le Scapulaire : une jeune Italienne attache au cou de son époux un scapulaire.

153 M. GUDIN. Marine côte de Bretagne : avec bateau à vapeur et autres barques à voile.

154 du même. Barque tirée à terre, effet de gros temps.

155 M. RENOUX. La Prière à la Madone.

156 Mme HAUDEBOURG - LESCAUT. Une jeune Italienne offrant des fruits à un capucin.

157   BERTIN. Paysage, site d'Italie : tableau du meilleur temps de ce maître.

158   RICOIS. Paysage ; sur le devant, des villageois se chauffent à un feu allumé derrière un buisson.

159   M. PINART. Cosaques poursuivant des chevaux sauvages.

160   XAVIER LE PRINCE. Paysage avec rivière; sur la gauche est une route avec grand nombre de voyageurs.

161   DU MÊME. Paysage : sur le devant, un berger a quitté son troupeau pour jaser avec le conducteur d'une charrette de foin attelée de deux chevaux : ces deux tableaux très fins de ton et touchés avec esprit peuvent être regardés comme des ouvrages remarquables de ce maître.

162   M. BOYENVAL. A l'entrée d'un château fort, le peintre a représenté un sujet tiré de l'histoire de France. Tableau bien peint.

163   MALBRANCHE. Paysage, effet de neige.

164   M. LAPITO. Paysage, site pittoresque avec rivière.

165   DEMARNE. Paysage avec moulin à eau :

charmant tableau du bon temps de cet habile maître.

166 M. BURTEL. Paysage avec rivière ; sur le devant, on voit des laveuses.

167 DU MÊME. Paysage avec petite fabrique, près de laquelle une femme étend du linge.

168 M. FLEURY. Le Grec joueur de mandoline.

169 DU MÊME. Le Brigand comptant son argent.

170 M. GUET. Le Marchand de sardines.

171 M. GUET. La Fileuse endormie à l'ombre d'un buisson.

172 Mme LESAINT. Intérieur, la Marchande de cerises.

173 LA MÊME. Intérieur de cave d'une marchande fruitière.

174 M. RENOUX. Intérieur gothique, chevalier examinant une statue.

175 DU MÊME. Intérieur d'Église en Suisse.

176 M. GENOD de Lyon. Une jeune Bernoise regardant sa cruche cassée.

177 M. FEUCHÈRE. Le Porteur d'eau.

178 M. PETIT. Paysage avec un moulin à eau.

179 Mme HAUDEBOURG-LESCAUT. Le Retour des marins : très bon tableau.

180 M. BOYENVAL. Un Moulin à eau, à Crépi, Normandie.

181 M. BEAUME. Jeune Femme effrayée de la fusillade, se sauvant de son village avec ses enfans : épisode de l'invasion de 1814.

182 M. STORELLI. Paysage avec chute d'eau s'échappant entre des rochers.

183 M. ROBERT FLEURY. Femmes de brigands de la Calabre, dans un intérieur.

184 M. COIGNET. Paysage, effet de soleil couchant.

185 M. VERTUMEN. Une Dame châtelaine regardant tristement son chevalier qui s'éloigne dans la plaine.

186 M. TOPFER. Vue prise aux environs de Genève ; on voit dans le lointain le Mont-Blanc.

187 M. BERTIN. Fabriques entourées d'arbres. Vue prise en Italie : ce tableau porte la date de 1808.

188   Le Temple de Pestum.

189   M. LAPITO. Vue prise en Auvergne.

190   M. GIGANTE. Vue prise au pont de Gragnano, royaume de Naples.

191   DU MÊME. Autre Vue prise aux environs de Naples : ces deux tableaux sont ornés d'un grand nombre de figures et de bestiaux, par M. Demay.

192   Deux Dessins aquarelles d'après des tableaux du Musée.

193   SIMÉON FORT. Paysage, site pittoresque: dessin à l'aquarelle.

194   LAJOIE. Deux Paysages, sites d'Italie, ornés de figures et bestiaux.

195   M. ISABEY (EUGÈNE). Intérieur d'un port, vue prise en Normandie : tableau d'une belle couleur et bien peint.

196   KOBELL (JEAN). Dans une prairie bordant une rivière, cinq vaches se reposent à l'ombre d'une tour en ruine : sur le devant un garçon et une jeune fille sont dans un bateau.

197   HACKOU (DE MIDELBOURG). Paysage marine; dans la prairie qui borde la rivière, on voit un grand nombre de bestiaux.

198 BERRÉ. Une jeune Fille veut entraîner une vache dans la prairie : près de la route sont d'autres vaches et des moutons.

199 M. KOUCKOUCK. Paysage, effet d'hiver avec canal glacé couvert de patineurs : imitation parfaite de la nature : effet du soir.

200 M. BIDAUD. Vue de la Villa Somariva.

201 M. JOLIVARD. Vue prise aux environs du Mans.

202 Mlle COLLIN. Vue prise aux petits Andelys (Eure) : effet du matin.

203 M. VERNET LOUZET. Bestiaux au pâturage gardés par un garçon qui joue avec son chien, et une jeune fille appuyée sur le dos d'un taureau.

204 Mlle SILVESTRE. Vue prise dans le Tyrol.

205 Vue du golfe de Naples.

206 Ruines près Vienne en Dauphiné.

207 Moulin à eau dans les environs de Compiègne (Oise).

208 Église près Châlons (Marne).

209 Vue prise sur les bords de la Marne.

210 Vue des ruines de l'église de Moulineux et d'une partie des étangs (Seine-et-Oise).

211 Moulin à eau près Montdidier (Somme).

212 Vue prise sur les bords de l'Isson, à son embouchure sur la Marne.

213 Paysage composé.

214 M. WATTIER. Paysage, effet d'hiver : intérieur de forge.

215 M. REGNIER. Un Tableau paysage.

216 M. COSSINI. Vue de Sassenage en Dauphiné : paysage, souvenir du même pays.

217 M. MIDI. Un Chasseur : aquarelle.

218 M. CARON. Un Paysage,   id.

219 M. DECAMP. Un Chasseur demandant sa route à une villageoise, id.

220 M. FINART. Sujet arabe, aquarelle.

221 —   Cavaliers turcs : et trois autres dessins d'albums.

222 —   Bivouac russe,   id.

223 —   Arabe entraînant un de ses camarades tué, id.

224 —   Autre sujet arabe, id.

225   KELLIN. L'Antiquaire,   id.

226   —   La Cathédrale d'Abbeville.

227   —   Vue de Hollande.

228   —   Caravane dans le Désert.

229   —   Paysage oriental.

230   —   Église Saint-Vincent à Metz.

231   —   Vue générale de la ville d'Eu.

232   —   La Place du marché à Eu.

233   —   Le Château du roi à Eu.

USTENSILES DE PEINTURE, ARMES ET CURIOSITÉS.

234   Table en chêne avec planchettes à coulisse.

235   Grand Pupitre en noyer.

236   Un beau Chevalet en noyer.

237   Un Chevalet en sapin.

238   Un Porte-original.

239   Grande Boîte à aquarelle en acajou, avec 40 godets à couleurs.

240   Pupitre à papier en sapin.

241   Deux Palettes en citronnier.

242   Trois Boites en fer-blanc contenant des couleurs pour l'aquarelle.

243   Une Plaque à broyer des couleurs à l'huile.

244   Un Porte-carton en chêne avec un tiroir.

245   Une Boîte de couleurs à pied avec tiroirs.

246   Plusieurs Flèches indiennes avec carquois.

247   Un grand Yatagan, fourreau d'argent.

248   Un petit Yatagan.

249   Un Couteau de chasse.

250   Deux Couteaux indiens.

251   Une Pipe en mérisier avec bout en ambre.

252   Porte-coran arabe.

253   Burnous arabe.

254   Statuette de Saint-Sébald, en plâtre.

255   Figurines : le petit François. Une autre, figure d'homme.

256   Une Figurine d'homme.

257   Un Taureau et un Chien, par Frotin : plâtre.

258 Petite Pendule, style Louis XV.

259 Parapluie, pique de voyage et tabouret.

260 Deux Boîtes de campagne en bois blanc.

261 Palette en terre de pipe et Stirator.

262 Deux Stores en porcelaine.

263 Une paire de Pistolets.

5 pour cent en sus des Enchères.

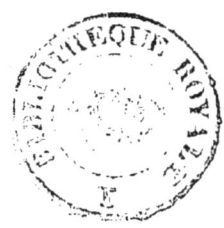

Imprimerie de Mme DE LACOMBE, rue d'Enghien, 12.

www.ingramcontent.com/pod-product-compliance
Lightning Source LLC
Chambersburg PA
CBHW030111230526
45471CB00003B/1369